BARTHÉLEMY

LE BOIS
DE
BOULOGNE

POËME

EN DEUX CHANTS

PRIX : 1 FRANC

PARIS
GUSTAVE HAVARD, LIBRAIRE-ÉDITEUR
15, RUE GUÉNÉGAUD
—
1857

LE BOIS
DE BOULOGNE

Paris. — Imprimerie Doudey Dupré, rue Saint Louis, 46, au Marais.

BARTHÉLEMY

LE BOIS DE BOULOGNE

POËME

EN DEUX CHANTS

PARIS
GUSTAVE HAVARD, LIBRAIRE-ÉDITEUR
15, RUE GUÉNÉGAUD

1857

LE BOIS
DE BOULOGNE

CHANT PREMIER

LA PENSÉE

Puisque, au bout de cinq ans, la cité sans rivale
Fait rayonner si haut sa couronne murale,
Où donc de ses splendeurs s'arrêtera l'essor ?
Son architecte, armé de la truelle d'or,
Tous les jours nous réveille au milieu des surprises ;
Voyez : de hauts palais ciselés jusqu'aux frises ;

De longs rideaux de murs montant, comme un décor,
Sur des terrains fangeux et nus, la veille encor ;
Une tour qui, longtemps fantôme de l'Érèbe,
Marque au loin le soleil, comme un gnomon de Thèbe ;
Des quais bitumineux courant sur leurs niveaux,
Et le Louvre achevant trois siècles de travaux !
Voyez ces boulevards dont la ceinture neuve
Agrafe aux larges ponts les deux rives du fleuve ;
Les spacieux trottoirs, les squares, les bassins
Refoulant des quartiers ténébreux et malsains ;
Les temples de granit et les halles de fonte
Qui se dressent, plus prompts que la vague ne monte ;
L'acte suit la pensée, et partout nous créons.
Voilà ce qu'est Paris sous les Napoléons !

C'était encor trop peu : les splendeurs qu'elle étale
Ne dotaient pas assez la grande capitale,
Allons plus loin ; prenons la bêche et le hoyau.
Celui qui de Paris voulut faire un joyau,

Voulut, en même temps, qu'une fraîche bordure
Embellît ce joyau formé de pierre dure,
Ceignît ce monument de gracieux atours,
Comme une frange pare un manteau de velours.

 Chaque fois qu'à Paris se rendant sans escorte,
Seul avec le fardeau que soutient sa main forte,
Il passait par ce bois, dont les sentiers penchants
Des hauteurs de Passy s'enfoncent vers Longchamps,
Ses yeux, avec regret, parcouraient l'étendue
De cette vaste plaine, en sillons droits fendue,
Où quelques promeneurs, piétons et cavaliers,
Croisaient languissamment leurs ennuis journaliers ;
Terrain sec et poudreux, frappé d'hydrophobie,
Solitude pareille aux plages d'Arabie,
Qu'on fouillait ici, là, de l'aube jusqu'au soir,
Avant d'y rencontrer un gramen pour s'asseoir :
« Quoi ! disait l'Empereur, Paris peut se complaire
» Dans ce sol aligné, pierreux, caniculaire !

» Que doit penser de nous l'étranger? quels dédains
» Doit nous jeter l'Anglais, si fier de ses jardins?
» Que dit-il, quand il voit la ville souveraine
» Offrant à ses plaisirs cette chétive arène?
» Ce Tibur prosaïque est-il digne de nous?
» Ne pourrait-on l'ouvrir à des parfums plus doux,
» De rameaux toujours frais peupler ces steppes nues,
» Assouplir en contours ces roides avenues,
» Fertiliser le sol par la fraîcheur de l'eau,
» Et peindre dans ce cadre un ravissant tableau?
» Oui, cette œuvre est possible. En ce lieu monotone
» Il faut que, désormais, le visiteur s'étonne
» Devant des horizons subitement ouverts;
» J'y répandrai des fleurs et des arbustes verts;
» Je veux qu'un fleuve absent de la géographie,
» Évoqué dans ce bois, partout le vivifie;
» J'y mettrai, pour offrir partout de bons accueils,
» Des chalets, des gazons doux comme des fauteuils,
» Des abris de repos, des rendez-vous de fête.
» Et je veux que pour tous cette villa soit faite,

» Pour le peuple aussi bien que pour le sénateur :
» Le plaisir n'admet pas de rang dominateur.
» Je veux, si l'opulence, ou noble ou financière,
» Au lieu de cahoter sous des flots de poussière,
» Dans le nouveau parcours, jusqu'au dernier confin,
» Trouve pour la calèche un sable humide et fin ;
» Je veux que l'artisan, au bout de sa semaine,
» Trouve aussi, là, ses jeux, son jardin, son domaine ;
» Qu'il dise, en admirant mille agrestes réseaux :
» J'ai ma part de ce bois, j'ai ma part de ces eaux ;
» Que, dans l'hiver neigeux, parfois il se complaise
» Sous les dômes touffus du pin et du mélèze,
» Et que son pied poudreux, dans la chaude saison,
» Foule, en quittant l'asphalte, un tapis de gazon. »

C'est là ce que rêvait l'homme des grandes choses.
Mais pour réaliser tant de métamorphoses,
Pour donner une forme à ce plan créateur,
Il vous fallait là, Sire ! un collaborateur,

Un habile instrument dont la main exercée
Calquât sur le terrain votre large pensée,
Un homme dont l'audace eût toujours réussi,
Cet homme, où le trouver? c'est *Varé ;* le voici !

C'est *Varé ;* longtemps même après la fleur de l'âge,
Son nom dormit obscur dans l'ombre d'un village ;
La gloire fut tardive à se lever sur lui ;
Oui, lui-même il l'avoue, à présent qu'elle a lui,
Oui, debout, dès l'aurore, au cri de l'alouette,
Il enfonçait le pic, il poussait la brouette ;
Ses mains n'ignoraient pas le calus du chantier.
Mais, tandis que son front suait sous le métier,
Dans ce front, qu'on eût dit frappé de somnolence,
Tous les germes de l'art fermentaient en silence.
Souvent il contemplait, avec des yeux pensifs,
Les ramures sans fin, les groupes, les massifs,
Les dômes colorés d'harmonieuses teintes,
Les sentiers, les replis de tous ces labyrinthes

Qui courent, au milieu d'un calme solennel,
Entre Montmorency, l'Ile-Adam et Carnel.
Alors il s'élançait vers la gloire future
De propager partout cette forte nature,
Et, comme André Chénier que la hache immola,
Il disait, par moments : J'ai quelque chose là !
Tout à coup, comme sort la lave d'un cratère,
Le Shakspeare des parcs sembla jaillir de terre,
Et, montant d'un seul bond à toute sa hauteur,
Se posa sur la scène en régénérateur.
Déjà les plus beaux noms forment sa clientèle :
FOULD au *château du Val*, D'HERFORD à *Bagatelle*,
Sollicitent de lui la faveur d'un coup d'œil ;
DE LUYNES sous ses mains voit rayonner *Breteuil*,
C'est lui qui, pour *Marseille*, a dessiné la carte
Du champ *zoologique* et du *mont Bonaparte*;
Pour lui créer des bois et des bassins plus grands,
CASTELLANE à ses pieds met trois cent mille francs ;
ROEDERER l'évalue à trois fois plus encore ;
D'ombrages inspirés, tour à tour, il décore :

Clary, Montalembert, Sellières, Lamoignon.
Dans quel sol n'a-t-il pas enraciné son nom?
Quel châtelain du jour oserait se permettre
De planter un seul arbre à l'insu du grand maître ?
Et ce maître, pourtant, qu'on recherche à tel prix,
Aux pages du savoir n'a jamais rien appris.
Pauvre, inculte, en quittant le giron de sa mère
A peine épela-t-il au gymnase primaire ;
Il n'a jamais traîné ses pas indépendants
Dans l'immuable ornière où règnent les pédants ;
Il ne sait même pas qu'en un temps loin du nôtre,
Fut un dieu des jardins, qui s'appelait *Le Nôtre*,
Et l'instinct seul fit tout pour ce rude écolier ;
Il a comme Socrate un démon familier.
Son corps même est construit pour les rustiques scènes ;
Libre enfant du hameau, compagnon des vieux chênes,
Il a pris la vigueur et le port de leurs troncs.
Il jette sa pensée en mots rudes et prompts ;
N'attendez pas de lui, quel que soit le salaire,
Qu'il réforme ses plans, par désir de vous plaire ;

Bien longtemps, près de vous avant de le tenir,
Vous l'appelez; il vient, s'il veut ou peut venir :
« Je suis prêt, dira-t-il, mais qu'il vous en souvienne,
» Votre science doit plier devant la mienne ;
» Vous gâteriez mon œuvre et je vous le défends.
» Si vous voulez, seigneurs, faire un jardin d'enfants,
» S'il vous faut des perrons, des orangers en boule,
» Des ruisseaux dont la voix parmi les fleurs roucoule,
» Des chemins prolongeant leurs réguliers aspects,
» Des bassins bien carrés, de petits temples grecs,
» Des bosquets de boudoir aux gentilles cachettes,
» Vous trouverez ailleurs des messieurs à manchettes
» Qui, sans imaginer ni coteaux ni vallons,
» Vous feront des jardins plats comme vos salons.
» Mais, si vous préférez à l'art de l'Italie
» Celui dont l'Angleterre est tant enorgueillie ;
» Si vous aimez les bois découpés en tous sens
» De sites imprévus, d'horizons saisissants,
» Les contrastes, les jeux d'ombres et de lumières,
» Le frais tableau des lacs, des îles, des rivières ;

» Si vous croyez, enfin, que ces vives grandeurs
» Sont la nature, et non les classiques fadeurs ;
» Surtout, si de votre or vous n'êtes point avares,
» Me voici : donnez-moi cent ou deux cents hectares,
» Un espace où jamais un germe n'est venu,
» Une bruyère sèche, une grève, un roc nu,
» Je vais les découper en entailles fécondes ;
» Je frapperai la terre, il jaillira des ondes ;
» Je la repétrirai de l'un à l'autre bout.
» Vous voulez une roche ? elle sera debout ;
» Un chalet ? vous l'aurez sur quelque douce plage ;
» Vous demandez un parc, un jardin ? De quel âge ?
» Jeune ou vieux, commandez ; je puis, en peu de temps,
» Vous en faire de dix, de vingt, de quarante ans ;
» En avant ! »

A ces mots, grand de toute sa taille,
Ainsi qu'un général sur un champ de bataille,
A travers les ravins, les plaines, les halliers,
Guidant ses travailleurs, robustes journaliers,

Comme pour maîtriser un riche territoire,
Combattre la nature et saisir la victoire,
Le premier il s'avance à gigantesques pas.
Son papier, c'est le sol ; son œil est le compas.
Vous le voyez au loin, la tête haute et nue,
Sous un soleil torride ou sous la froide nue ;
Vous voyez scintiller, ainsi que deux miroirs,
Ses yeux clairs ombragés par de longs sourcils noirs.
D'un geste impérieux, d'une voix aguerrie,
Il manœuvre à son gré sa rude infanterie,
Tantôt groupant, tantôt semant en échelons
Ses pieux intelligents et ses vivants jalons :

« Ouvrez vos rangs ; marchez sur cette rive étroite ;
» Longez ce bois, plus près, plus loin, à gauche, à droite ;
» C'est bien ! halte pour tous ; ne bougez plus. »

          Soudain
Il s'éloigne des rangs, rapide comme un daim,

Il se pose debout sur quelque bloc de pierre,
Et, sur tout le pays promenant la paupière,
Il reste enveloppé d'un long recueillement.
Oh! que nul ne le trouble en ce grave moment;
Qu'on le laisse immobile et seul avec lui même;
Il invente, il médite, il compose un poëme
Dont l'ensemble, échappé de sa puissante main,
Sur cette grande page éclatera demain.

CHANT SECOND

L'ŒUVRE

Quand, du milieu des joncs, des cailloux, des broussailles
Louis-Quatorze tirait les splendeurs de Versailles,
De ses salons de marbre il sortait, par moments,
Pour assister, lui-même, à ces défrichements ;
Mais, sur ses hauts talons, idole planétaire,
Jamais, du bout des doigts, il n'effleura la terre.

Ni d'une goutte d'eau ne souilla son orteil,
Car il n'oubliait pas qu'il était le Soleil.
L'âme de l'Empereur d'un vain faste est moins pleine.

Dans l'épaisseur d'un bois, au centre d'une plaine
Où des milliers de bras creusent le sol poudreux,
Deux hommes sont debout et discourent entre eux
Leurs regards attentifs surveillent l'œuvre immense
D'une création qui sort de la semence,
Comme un bronze fondu qui sort de sa prison.
Tantôt leur doigt signale un point à l'horizon,
Tantôt le grand chantier, tantôt un point de route.
L'un d'eux, c'est le moins jeune, avec respect écoute
Le compagnon venu pour cet enfantement ;
Celui-ci, quelquefois, le quitte brusquement,
Il s'arme de jalons, de flexibles baguettes,
Les fixe dans le sol, comme autant de vedettes,
Jusqu'à ce qu'il en ait épuisé le faisceau,
Qu'il ait fait un sentier, un vallon, un ruisseau.

Et souvent déchiré par les dards de la ronce,
Les mains teintes encor de poussière, il s'enfonce
Vers Paris ou Saint-Cloud, au palais des vieux rois ;
L'un d'eux, c'est *Varé;* l'autre est Napoléon-Trois.

Et comme bien souvent, toujours à l'improviste,
Arrivait dans ce bois l'impérial artiste,
Ne nous étonnons plus qu'avec un tel concours
L'œuvre se soit soumise à des délais si courts.
Le chantier le connaît pour son chef d'avant-garde ;
Varé même, plus grand sous l'œil qui le regarde,
Tel que le machiniste, au signal des accords,
Semble d'un opéra manœuvrer les décors.

Le chaud dessinateur, par longues enjambées,
A travers les taillis et les branches courbées,
Tandis que sa phalange avec peine le suit,
Arpente en tous les sens tout le bois reconstruit.

Il décrète, en passant, des horizons plus vastes,
De savants repoussoirs, d'harmonieux contrastes ;
Là, parmi les plus beaux des géants forestiers,
Doit s'ouvrir une route, au lieu d'étroits sentiers.
Ici, dans un massif, il ordonne qu'on trace.
Ces méandres trompeurs qui décuplent l'espace
Et, par de longs replis dont le bout disparaît,
Font d'un bosquet un bois, d'un bois une forêt ;
Et plus loin, de son art la nature jalouse
Verra le désert nu reverdir en pelouse.
S'il veut sauver un arbre, un de ces vétérans
Dont le pied maigre et long déshonore les rangs,
Autour de ce vieux tronc il forme une guirlande
Avec la vigne vierge ou le lierre d'Irlande.
Sa parole renverse et construit à la fois ;
Tout l'entend, tout se meut : des pans entiers de bois
Qui cachaient les lointains à la vue obscurcie,
Tombent, comme coupés par un seul trait de scie.
Ah ! devant ce travail il faut croire, aujourd'hui,
Aux prodiges qu'Orphée entraînait après lui ;

Marchez ! dit-il au pin, au hêtre, au sycomore ;
Et les arbres soumis suivent l'ordre sonore,
Et dans les champs d'exil ils viennent se ranger,
Et, plus heureux que nous, sur le sol étranger,
Sans langueur, sans pencher une tige flétrie,
Ils emportent, du moins, le sol de leur patrie.

Mais quoi ! des marronniers, des frênes, des bouleaux,
Meublent facilement de vulgaires tableaux ;
Ce peuple familier de nos bois, de nos côtes,
Serait heureux et fier de recevoir des hôtes,
Des alliés lointains, des frères inconnus :
Ah ! des cinq parts du monde ils sont déjà venus ;
Les voilà, ces enfants du tropique et du pôle :
Le bananier d'Alger, cher à sa métropole ;
Le bambou de la Chine étendant ses longs nœuds ;
Le catalpa, l'agave au feuillage épineux ;
Les arbres du Japon et des îles Marquises ;
Les noirs liquidambars, les sumacs, les cytises,

Et ces cyprès nouveaux, ces exotiques pins,
Montrant d'un si beau vert leurs rameaux toujours peints.

C'est trop peu cependant des pompes végétales ;
Animons encor plus ces odorants dédales :
Girafes, éléphants, antilopes, lamas,
Et vous, rares oiseaux des plus lointains climats,
Et vous, énormités de la race amphibie,
Tous, du froid Groënland, de l'ardente Nubie,
De tous les continents, de tous les archipels,
Du fond de vos déserts venez à nos appels !
Et comme à chacun d'eux notre sollicitude
Rendra du ciel natal l'exacte latitude,
Nous verrons dans nos bois, avant des temps bien longs,
Croître et multiplier ces étranges colons.

Mais, pour vivifier l'atmosphère plus saine,
Où sont vos eaux ? quel est votre fleuve ? La Seine ;
La Seine qu'un miracle a su contraindre aussi.
Ne l'entendez-vous pas qui gronde vers Passy ?

Un art savant l'aspire : elle sort par secousses,
Tombe et brise ses flots sur des rocs et des mousses,
Puis en tranquille nappe elle élargit son cours ;
A travers les massifs sillonnés de détours,
Entre les hauts talus tapissés d'émeraudes,
Elle passe, en traçant de riants épisodes,
En saluant les fleurs, les arbres, les roseaux ;
Et, renouant enfin ses paresseux réseaux,
Elle arrive à sa chute, en face de Suresnes,
Et débouche, en crevant des grottes souterraines,
Des blocs cyclopéens, jour et nuit, vomissant
Les tourbillons blanchis du flot retentissant.

Embarquons-nous, venez sur cette *serpentine* :
Promenés par la rame ou la voile latine,
Dans un de ces esquifs coiffés de pavillons
Il est doux d'égarer de fantasques sillons.
Que de golfes, de ports, de détroits et d'asiles
Sur ces deux lacs moirés, autour de ces deux îles !

Partout, à pleines mains, sur ces magiques bords
La nature étonnée épanche ses trésors;
Partout l'homme a construit des sites pittoresques,
Des ponts aériens, des kiosques moresques;
Tous ces lieux sont peuplés de joyeux habitants :
Les oiseaux des marais, des fleuves, des étangs,
Passent en déployant les couleurs de leurs plumes;
Les cygnes noirs, si beaux sur les blanches écumes,
Ouvrant leur voile sombre aux caresses du vent,
Comme une flotte en mer, voguent en nous suivant.
Tandis que, sous les eaux, dans leurs vives allures,
S'agitent le saumon, la truite et les silures;
Car nos lacs ne sont point un ignoble vivier
Qu'on touche à l'autre rive en lançant un gravier,
Mais une large plaine, une liquide route
Qui, sous le ciel d'été, doit offrir une joute,
Une agile régate à de hardis lutteurs;
C'est un frais hippodrome où les navigateurs,
Sans craindre de heurter les branches d'un mélèze
Peuvent pousser au large et louvoyer à l'aise.

Qui sait même ! ces lacs, tendus comme un tapis,
Se réveillent, parfois, de leurs fonds assoupis ;
Leur face alors se fronce et devient irascible ;
Et si, par un hasard étrange, mais possible,
Venait tomber sur eux un de ces noirs typhons
Qui soulèvent des mers les abîmes profonds,
Un ouragan rebelle au trident de Neptune,
Qui sait quelle serait la fatale fortune
D'une yole livrée à ce grand réservoir ?
Oh ! qui l'aurait pensé ? qui pouvait le prévoir ?
Ce prodige manquait aux choses de notre âge :
Dans le bois de Boulogne on peut faire naufrage.

Voilà notre rustique et radieux fleuron,
L'œuvre d'un Empereur aidé d'un bûcheron ;
OEuvre qui marque un règne ; agrestes colonnades,
Portiques de rameaux, murmurantes arcades,
Monument plébéien qui, mieux qu'un Parthénon,
Du poétique Alphan consacre aussi le nom.

Voulez-vous le saisir dans le plein de sa gloire,
Voyageur ! placez-vous sur un observatoire ;
Sur la *butte* où fleurit le cèdre du Liban :

Là, vous embrasserez le sinueux ruban
Des coteaux déroulés en courbe circulaire,
Le *mont Valérien* qu'un ciel d'azur éclaire,
Et *Boulogne* et *Saint-Cloud* qui sourit à *Meudon*,
Et l'arc triomphateur qui ferme ce cordon ;
Vous aurez sous vos pieds les larges perspectives
Des îles, des deux lacs, de leurs agrestes rives,
Le bois qui fuit au sud, à l'est, à l'occident ;
Et, du *travellers-club* fussiez-vous président,
Vous direz qu'il n'est pas de capitale au monde
Où se trouve un jardin qui s'égale ou réponde
Aux charmes de celui que la nôtre éleva ;
Ni Berlin, ni la ville, orgueil de la Newa ;
Ni Madrid, que, de loin, l'Escurial embaume ;
Ni Vienne et son Schœnbrunn, où plane un doux fantôme,

Ni toi-même, enfin, Londre, aux lieux où tu te plais,
Regent-Park, Hyde-Park et tous les parcs anglais.

C'est assez : le temps fuit ; les heures écoulées
Ont déjà conduit l'ombre au milieu des allées ;
Le silence rêveur descend avec la nuit ;
Partons. Mais, dites-vous, quel est ce vague bruit
Que la brise du soir nous porte par bouffées ?
Halte ! L'ignorez-vous ? C'est le pays des fées
Qui, préférant cette heure aux soleils les plus beaux,
Dansent à la clarté de cent mille flambeaux,
Aux sons mystérieux des molles harmonies ;
C'est le palais créé par la main des génies,
L'oasis dont Armide a dessiné le plan ;
C'est l'Éden de Paris, c'est le Pré-Catelan.
Venez ; qu'un char rapide à l'instant nous y porte ;
Les deux phares sont là ; pénétrons : c'est la porte.
Ne vous sentez-vous pas dans un monde nouveau ?
Deux cents groupes de fleurs enivrent le cerveau ;

La flamme même porte un air frais au visage.
Nous marchons sur un sable embaumé d'arrosage,
Salués par des chants, par d'ineffables bruits,
Escortés par des fleurs, éclairés par des fruits,
Par des globes flottants dont la lueur s'épanche,
Comme une effluve d'or, dans l'ombre molle et blanche.
Égarez-vous, prenez les chemins sans choisir ;
Vous trouverez partout un hasard, un plaisir.
— Quel temple gracieux sur l'ombre se découpe ?
C'est celui de Circé qui prépare sa coupe.
— Pourquoi de ce rocher ces flots tombant ainsi ?
Ces vasques de cristal, que font-elles ici ?
D'un art mystérieux c'est l'œuvre méritoire ;
La couvée aquatique, en ce laboratoire,
Sous la main qui régit leur limpide canal,
Produit tous ces poissons, peuple phénoménal.
Marchons : oh ! quels parfums ! quel air pur ! quelle foule
D'arbustes étrangers et de fleurs se déroule !
Salut, rhododendrons qui bravez les hivers !
Salut, magnolias de vos roses couverts !

Et vous, calladiums que l'onde favorise,
Et vous, beaux fuchsias, dont la nocturne brise
Agite doucement les grelots de corail !
Salut, charmantes sœurs, voluptueux sérail !
Comme on se plaît à voir vos gigantesques tiges,
Vos splendides couleurs, parmi tant de prestiges,
Tandis que, sans repos, les quadrilles des camps
Promènent à cheval d'harmonieux volcans,
Que l'orchestre de *Mohr* déroule ses féeries !
Sommes-nous dans Ceylan ? aux îles Canaries ?
Les palmiers, les dattiers nous entourent... Je vois,
Autour de cette enceinte, où sont venus des rois,
Couler, entre les fleurs, le magique amalgame
D'une rivière d'eau sous une autre de flamme...
Mais quel signal ?... Courons tous au Cirque. On y va
Entre des murs de lierre et de camélia ;
Cirque immense, taillé dans un champ de verdure ;
Gradins dont tant d'ombrage exhausse la bordure ;
Arène végétale, aux mobiles couleurs,
Où le rideau scénique est lui-même de fleurs !

Soudain ce rideau tombe, et le regard se plonge
Sur des réalités qui semblent un mensonge.
Quel ravissant tableau sur la scène apparaît!
C'est un site enchanteur, vallon, grotte, forêt,
Décor qui n'attend plus que les danses folâtres.
Oh! comment désormais supporter nos théâtres,
Leur nature factice et d'aspects et de ton,
Leurs beautés de fer-blanc, de toile et de carton?
Ici tout est réel : avec leurs beaux calices,
De vrais rhododendrons se dressent en coulisses ;
C'est un nuage vrai qui pend sur ces arceaux ;
Une cascade vive ici roule ses eaux,
Et mêle, en descendant de la verte colline,
Aux sons des instruments sa note cristalline.
Voilà que tout à coup, sous ces riants abris,
Les Sylphides du ciel, les Nymphes, les Péris
Étalent à vos yeux les attitudes molles,
Le délire lascif des danses espagnoles...
Voilà qu'elles ont fui, par les sentiers étroits,
Par les rocs escarpés, sans haleine, sans voix,

Des torches dans les mains, comme un chœur de bacchantes ;
Voyez s'éparpiller leurs courses provoquantes,
Et les sillons de feu qu'elles tracent dans l'air.
Enfin tout est rempli par un immense éclair
Qui rougit, en jetant sa lueur transversale,
La cascade, le bois, le pourtour de la salle ;
Un cercle étincelant de feux inoffensifs,
Comme une chevelure embrase les massifs ;
Les fleurs sont des flambeaux, les arbres sont des phares,
Et des torrents de feux, de voix et de fanfares
Se prolongent encore, au delà des jardins,
Jusqu'au parc solitaire, habité par les daims.

Sortons ; nous avons vu trente arpents de merveilles,
Nous avons saturé nos yeux et nos oreilles,
Et du *Pré-Catelan* le tableau reproduit
Dans un songe éthéré nous suivra, cette nuit ;
Mais proclamons, avant que ce songe nous berce,
Ce qu'a dit *Ferrouch-Kan*, l'ambassadeur de Perse :

« Peut-être que des lieux aussi beaux que ceux-là
» Sont dans le paradis que nous promet Allah ;
» Mais j'ai bien parcouru des régions sur terre,
» Bien des cours m'ont fait voir leur faste héréditaire,
» J'ai visité des rois, des sophis, des sultans,
» Leurs jardins ont fleuri sous mes pieds haletants,
» Je me suis mille fois assis à d'autres fêtes,
» A toutes les splendeurs que les hommes ont faites,
» Et je n'ai rien trouvé de pareil, moi qui suis
» Du pays qui rêva les *Mille et une Nuits.* »

FIN

Paris. — Typ. de Mme Ve Dondey-Dupré, rue Saint-Louis, 46.

www.ingramcontent.com/pod-product-compliance
Lightning Source LLC
Chambersburg PA
CBHW060713050426
42451CB00010B/1416